大方廣佛華嚴經 寫經

50

🏵 일러두기

1. 『사경본 한글역 대방광불화엄경』은 『독송본 한문·한글역 대방광불화엄경』에 수록된 한글역을 사경하는 데 편의를 도모하기 위해 편집을 달리하여 간행한 것이다.

2. 『독송본 한문·한글역 대방광불화엄경』은 실차난타가 한역(695~699)한 80권 『대방광불화엄경』의 한문 원문과 한글역을 함께 수록한 것이다. 한문 저본은 고종 2년(1865) 월정사에서 인경한 고려대장경 『대방광불화엄경』이다.

3. 한글 번역은 동국역경원에서 발간한 한글 『대방광불화엄경』(운허)을 중심으로 하고 『신화엄경합론』(탄허)과 『대방광불화엄경 강설』(여천무비) 그리고 최근의 여타 번역본 등을 참조하였다.

4. 한글 번역은 독송과 사경을 위하여 정확성과 아울러 가독성을 고려하였다. 극존칭은 부처님과 불경계에 대해서만 사용하였다.

5. 사경본의 차례는 일러두기 → 한글역 본문 → 화엄경 목차 → 간행사이며 80권 『대방광불화엄경』의 권별 목차 순으로 독송본과 함께 간행한다. (법공양판에는 간행사 다음에 간행불사 동참자를 밝혀두었다.)

사경본 한글역

대방광불화엄경 제50권

37. 여래출현품 [1]

수미해주

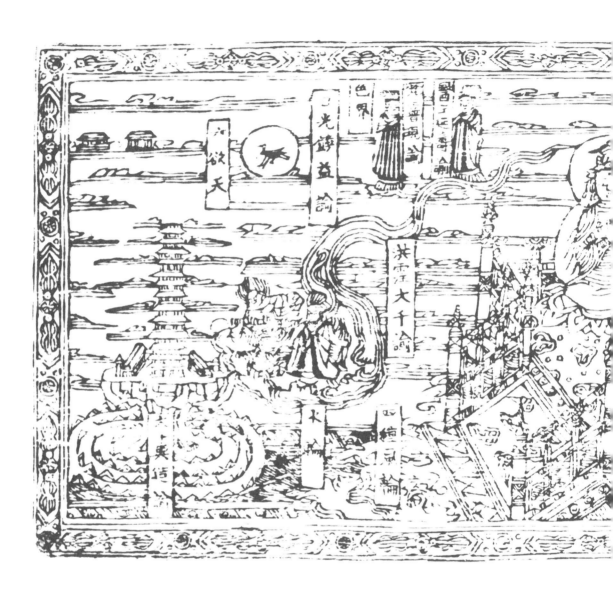

대방광불화엄경 제50권 변상도

대방광불화엄경
제50권

37. 여래출현품 [1]

_____ 은(는)『대방광불화엄경』을

사경하는 인연공덕으로

『화엄경』이 널리 유통되고

우리 모두 다함께 보리 이루기를 발원하옵니다.

대방광불화엄경
제50권

37. 여래출현품 [1]

그때에 세존께서 미간의 백호상으로부터 큰 광명을 놓으시니 이름이 '여래출현'이고, 한량없는 백천억 나유타 아승지 광명으로 권속이 되었다.

그 광명이 시방의 온 허공 법계의

일체 세계를 널리 비추며 오른쪽으로 열 번 돌아 여래의 한량없이 자재하심을 나타내었다.

수없는 모든 보살 대중들을 깨우치며, 일체 시방세계를 진동시키며, 일체 모든 악도의 고통을 멸하여 없애며, 일체 모든 마군의 궁전을 덮어 가렸다.

일체 모든 부처님 여래께서 보리좌에 앉아서 평등하고 바른 깨달음을 이루심과 일체 도량에 모인 대중들을 나타내 보였다.

이러한 일을 하고는 와서 보살 대중모임을 오른쪽으로 돌아 여래성기묘덕 보살의 정수리로 들어갔다.

그때에 이 도량의 일체 대중이 몸과 마음이 뛸 듯이 크게 환희하여 이와 같은 생각을 하였다. '매우 신기하고 희유하다. 지금 여래께서 큰 광명을 놓으시니, 반드시 깊고 깊은 큰 법을 연설하실 것이다.'

그때에 여래성기묘덕 보살이 연화좌 위에서 오른 어깨를 드러내고 오

른 무릎을 꿇고 합장하고 한결같은
마음으로 부처님을 향하여 게송을
설하여 말씀하였다.

바른 깨달음의 공덕으로
큰 지혜를 내시어
경계를 널리 통달하고
피안에 이르셔서
삼세 모든 여래와
평등하시니
그러므로 제가 지금

공경히 예배합니다.

형상 없는 경계의 언덕에

이미 오르시고

미묘한 모습으로

장엄한 몸을 나타내시어

때를 여읜

일천 광명을 놓으셔서

마군의 무리들을 부수어

다 없애셨도다.

시방에 있는 바

모든 세계를

모두 능히 진동하여

남음이 없지만

일찍이 한 중생도

두렵게 하지 않으시니

선서의 위신력이

이와 같도다.

허공 법계의

성품이 평등하여

이미 능히 이와 같이

편안히 머무르시되

일체 중생 수효

한량없는데

다 악을 멸하고

온갖 때를 없애셨도다.

수없는 겁 동안

고행하며 애쓰시어

최상의 보리도를

성취하시니

모든 경계에

지혜가 걸림이 없으셔서

일체 부처님과

그 성품이 같으시도다.

도사께서

이러한 큰 광명을 놓으시어

시방의 모든 세계를

진동케 하시며

한량없는 신통력을

이미 나타내시고

다시 돌아와서

저의 몸에 들게 하셨도다.

결정한 법 가운데

능히 잘 배운

한량없는 보살들이

다 와서 모여

나에게 법을 물을 마음을

일으키게 하니

그러므로

제가 지금 법왕께 청합니다.

지금 여기 모인 대중들이

모두 청정하며

모든 세간을

잘 능히 제도하여 해탈케 하며

지혜가 가없고
물들어 집착하지 않으니
이와 같은 성현들이
다 와서 모였습니다.

세간을 이익하게 하는
존귀하신 도사께서
지혜와 정진이
다 한량이 없으시고
지금 광명으로
대중들을 비추시어
저에게 위없는 법을

묻게 하시도다.

누가 큰 신선의
깊은 경계를
능히 진실하고
구족하게 연설하며
누가 여래의 법의
장자입니까?
세간의 존귀한 도사께서
보여주소서.

이때에 여래께서 곧 입으로 큰 광명을 놓으시니 이름이 '걸림 없고 두려움 없음'이며, 백천억 아승지 광명으로 권속이 되었다.

시방의 온 허공과 같은 법계의 일체 세계를 널리 비추고 오른쪽으로 열 번 돌아서 여래의 갖가지 자재하심을 나타내었다.

한량없는 모든 보살 대중들을 깨우치며, 일체 시방세계를 진동시키며, 일체 모든 악도의 고통을 멸하여 없애며, 일체 모든 마군의 궁전을 덮어 가리며, 일체 모든 부처님 여래께서 보리좌에 앉아 평등하고 바른 깨달음을 이루심과 그리고 일체 도량에 모인 대중들을 나타내 보였다.

이러한 일을 하고는 와서 모인 보살 대중들을 오른쪽으로 돌아 보현 보살마하살의 입으로 들어갔다.

그 광명이 들어가자 보현 보살의 몸과 사자좌가 본래 때보다 뛰어넘고 그리고 모든 보살들의 몸과 자리가 백 배이나, 오직 여래의 사자좌는 제외되었다.

이때에 여래성기묘덕 보살이 보현 보살마하살에게 물었다.

"불자여, 부처님께서 나타내 보이시는 광대한 신통 변화가 모든 보살들로 하여금 다 환희하게 하시니 불가사의함이라, 세상이 알 수 없으니 이것은 어떠한 상서입니까?"

보현 보살마하살이 말씀하였다.

"불자여, 내가 지난 옛적에 모든 여래 응정등각을 친견하니, 이와 같이 광대한 신통 변화를 나타내 보이시고는 곧 여래께서 출현하시는 법문을 설하셨습니다. 내 생각에는 지금 이 현상을 나타내시니 마땅히 그 법을 설하실 것입니다."

이 말을 할 때에 일체 대지가 모두 다 진동하며 한량없는 법을 묻는 광명을 내었다.

그때에 성기묘덕 보살이 보현 보살에게 물었다.

"불자여, 보살마하살은 마땅히 어떻게 모든 부처님 여래 응정등각께서 출현하시는 법을 알아야 합니까? 원컨대 나를 위하여 말씀해주십시오.

불자여, 이 모든 한량없는 백천억 나유타 보살 대중모임들은 모두 오래 깨끗한 업을 닦아 생각하는 지혜를 성취하고, 구경에는 크게 장엄한 언덕에 이르며, 일체 부처님의 위의의 행을 갖추고, 모든 부처님을 바르게 생각하여 일찍이 잊지 않았습니다.

대비로 일체 중생을 관찰하고, 모

든 큰 보살들의 신통한 경계를 결정코 분명하게 알며, 이미 모든 부처님의 위신력으로 가피하신 바를 얻었고, 능히 일체 여래의 미묘한 법을 받았으니, 이와 같은 등의 한량없는 공덕을 갖추어 모두 이미 와서 모였습니다.

불자여, 그대는 이미 일찍이 한량없는 백천억 나유타 부처님 처소에서 받들어 섬기고 공양올리어 보살의 가장 높고 미묘한 행을 성취하고,

삼매의 문에 모두 자재함을 얻고, 일체 부처님의 비밀한 곳에 들어갔습니다.

모든 부처님의 법을 알아 온갖 의혹을 끊고, 모든 여래의 위신력으로 가피하신 바가 되며, 중생들의 근기를 알아 그들이 즐겨하는 바를 따라서 진실하게 해탈하는 법을 설하고, 부처님의 지혜를 따라서 부처님의 법을 연설하여 피안에 이르게 하는, 이와 같은 등의 한량없는 공덕이 있습니다.

훌륭합니다. 불자여, 원컨대 여래 응정등각께서 출현하시는 법과, 몸 모습과, 음성과, 마음 뜻과, 경계와, 행하시는 바의 행과, 도를 이루심과, 법륜을 굴리심과, 내지 열반에 듦을 나타내 보이시는 것과, 보고 듣고 친근하여 생기는 선근을 설해 주십시오. 이와 같은 등의 일을 다 설해 주길 원합니다."

그때에 여래성기묘덕 보살이 이 뜻

을 거듭 밝히려고 보현 보살을 향하
여 게송을 설하여 말하였다.

훌륭합니다,
걸림 없는 큰 지혜여!
가없는 평등한 경계를
잘 깨달았으니
한량없는 부처님의 행하신 바를
말씀하소서.
불자들이 듣고는
다 기뻐할 것입니다.

보살들은 어떻게
모든 부처님 여래께서
세상에 출현하심을
따라 들어가며
어떤 것이 몸과 말과
마음과 경계와
행하시는 곳인지
다 말씀하소서.

어떻게 모든 부처님께서
정각을 이루시고
어떻게 여래께서

법륜을 굴리시며
어떻게 선서께서
열반에 드셨습니까?
대중들이 들으면
마음이 환희할 것입니다.

만약 어떤 이가
부처님 대법왕을
친견하고 친근하면
모든 선근을 증장하니
저 모든 공덕장을
말씀하소서.

중생들이 친견하고
얻는 바가 무엇입니까?

만약 어떤 이가
여래의 명호를 듣거나
세상에 계시거나
열반하심에
저 복의 창고에
깊은 믿음을 내면
어떤 이익이 있는지
말씀하소서.

이 모든 보살들이
다 합장하고
여래와 어지신 이와
나를 바라보니
큰 공덕바다의
경계를
중생을 청정케 하는 자여,
말씀하소서.

원컨대
인연과 비유로
미묘한 법과

상응하는 뜻을 연설하소서.
중생들이 듣고는
큰 마음을 내어
의심이 다하고 지혜가 맑아
허공과 같을 것입니다.

일체 국토 가운데
두루하신
모든 부처님께서 나타내신
장엄한 몸과 같이
원컨대 미묘한 음성과
인연과 비유로써

부처님의 보리를 보임도
또한 그와 같이 하소서.

시방의 천만
모든 부처님 국토와
억 나유타
한량없는 겁에도
지금 모인 바와 같은
보살 대중들을
어디서도 일체를
모두 보기 어려울 것입니다.

이 모든 보살들이
다 공경하고
미묘한 이치를
우러러 갈망하니
원컨대 여래께서 출현하시는
광대한 법을
청정한 마음으로
갖추어 연설하소서.

그때에 보현 보살마하살이 여래성기묘덕 등 모든 보살 대중들에게 말씀하였다.

"불자들이여, 이 도리는 불가사의 하니, 이른바 여래 응정등각께서는 한량없는 법으로 출현하신다.

무슨 까닭인가? 한 인연으로써가 아니며 한 일로써 여래출현이 성취되는 것이 아니고, 열 한량없는 백천 아승지 일로써 성취된다.

무엇이 열인가?

이른바 과거 한량없이 일체 중생을

거두어 주신 보리심으로 성취된 까닭이며, 과거 한량없이 청정하고 수승한 뜻의 즐거움으로 성취된 까닭이며, 과거 한량없이 일체 중생을 구호하신 대자대비로 성취된 까닭이며, 과거 한량없이 계속하신 행원으로 성취된 까닭이며, 과거 한량없이 모든 복과 지혜를 닦으시면서 만족하여 싫어함이 없는 마음으로 성취된 까닭이다.

과거 한량없이 모든 부처님께 공양 올리고 중생들을 교화하심으로 성

취된 까닭이며, 과거 한량없는 지혜
와 방편과 청정한 도로 성취된 까닭
이며, 과거 한량없이 청정한 공덕장
으로 성취된 까닭이며, 과거 한량없
이 장엄한 도의 지혜로 성취된 까닭
이며, 과거 한량없이 통달한 법과 이
치로 성취된 까닭이다.

불자들이여, 이와 같이 한량없는
아승지 법문이 원만하여 여래를 이
루신 것이다.

불자들이여, 비유하면 삼천대천세

계가 한 인연으로써가 아니며 한 일로써 이루어지는 것이 아니고, 한량없는 인연과 한량없는 일로써 비로소 성취된다.

이른바 큰 구름을 일으켜서 큰비를 내림에 네 가지 풍륜이 서로 계속하여 의지가 된다.

그 넷은 무엇인가? 하나는 이름이 '능지'이니 큰 물을 능히 지니는 까닭이며, 둘은 이름이 '능소'이니 큰 물을 능히 소멸하는 까닭이며, 셋은 이름이 '건립'이니 일체 모든 처소를 건립하는 까닭이며, 넷은 이름이 '장엄'이니 장엄하여 펼침이 다 교묘한 까닭이다.

이와 같은 것이 모두 중생들의 함께 짓는 업과 그리고 모든 보살들의 선근으로 일으키는 것이니, 그 가운데서 일체 중생으로 하여금 각각 마땅한 바를 따라서 수용하게 한다.

불자들이여, 이와 같은 등의 한량없는 인연으로 삼천대천세계가 이루어지니 법의 성품도 이와 같아서 내는 자도 없으며, 짓는 자도 없으며,

아는 자도 없으며, 이루는 자도 없지만 그러나 저 세계가 성취된다.

여래께서 출현하심도 또한 이와 같아서 한 인연으로써가 아니며 한 일로써 성취되는 것이 아니고, 한량없는 인연과 한량없는 일의 모습으로 성취된다.

이른바 일찍이 과거 부처님 처소에서 큰 법의 구름과 비를 듣고 받아지녔으니, 이로 인하여 능히 여래의 네 가지 큰 지혜 풍륜을 일으킨다.

무엇이 넷인가? 하나는 '기억하고

지니어 잊지 않는 다라니의 큰 지혜 풍륜'이니 일체 여래의 큰 법의 구름과 비를 능히 지니는 까닭이며, 둘은 '그침과 관함을 출생하는 큰 지혜 풍륜'이니 일체 번뇌를 능히 소멸하는 까닭이며, 셋은 '교묘하게 회향하는 큰 지혜 풍륜'이니 능히 일체 선근을 성취하는 까닭이며, 넷은 '때를 여읜 차별한 장엄을 출생하는 큰 지혜 풍륜'이니 과거에 교화한 바 일체 중생으로 하여금 선근이 청정하여 여래의 샘이 없는 선근의 힘을 성취하게 하는 까닭이다.

여래께서 이와 같이 평등하고 바른 깨달음을 이루시니, 법의 성품이 이와 같아서 내는 이도 없고 짓는 이도 없으나 성취되는 것이다.

불자들이여, 이것이 여래 응정등각께서 출현하시는 첫째 모양이니, 보살마하살은 마땅히 이와 같이 알아야 한다.

다시 또 불자들이여, 비유하면 삼천대천세계가 장차 이루어지려 할 때에 큰 구름이 비를 내리니 이름이 '억수 장마'이다. 일체 방향의 처소에서 받을 수 없는 바이고 지닐 수도 없는 바이지만, 오직 대천세계가 장차 이루어지려 할 때는 제외된다.

불자들이여, 여래 응정등각도 또한 이와 같아서 큰 법의 구름을 일으켜서 큰 법의 비를 내리니 이름이 '여래출현을 성취함'이다.

일체 이승은 마음 뜻이 좁고 하열하여 받을 수 없는 바이고 지닐 수도 없는 바이지만, 오직 모든 큰 보살들의 마음으로 서로 계속하는 힘은 제외된다.

불자들이여, 이것이 여래 응정등각께서 출현하시는 둘째 모양이니, 보살마하살은 마땅히 이와 같이 알아야 한다.

다시 또 불자들이여, 비유하면 중생들의 업의 힘인 까닭으로 큰 구름에서 비를 내리되 와도 좇아온 곳이 없고 가도 이를 곳이 없듯이, 여래 응정등각도 또한 이와 같아서 모든 보살들의 선근의 힘인 까닭으로 큰 법의 구름을 일으켜서 큰 법의 비를 내리되 또한 좇아온 곳도 없고 가서 이를 곳도 없다.

불자들이여, 이것이 여래 응정등각께서 출현하시는 셋째 모양이니, 보살마하살은 마땅히 이와 같이 알아야 한다.

다시 또 불자들이여, 비유하면 큰 구름이 큰비를 내림에 대천세계의 일체 중생은 능히 수효를 알지 못하며,

만약 계산하려 하면 한갓 발광케 할 뿐이고, 오직 대천세계의 주인인 마혜수라가 과거에 닦은 선근의 힘으로써 내지 한 방울까지도 분명하게 알지 못함이 없다.

불자들이여, 여래 응정등각도 또한 이와 같아서 큰 법의 구름을 일으켜서 큰 법의 비를 내리심에 일체 중생과 성문과 독각은 알 수 없는 것이며, 만약 생각으로 헤아리고자 하면 마음이 반드시 광란하게 된다.

오직 일체 세간의 주인인 보살마하

살은 제외되니, 과거에 닦은 바 깨달은 지혜의 힘인 까닭으로 내지 한 글자 한 구절이라도 중생의 마음에 들어가는 것을 분명하게 알지 못함이 없다.

불자들이여, 이것이 여래 응정등각께서 출현하시는 넷째 모양이니, 보살마하살은 마땅히 이와 같이 알아야 한다.

다시 또 불자들이여, 비유하면 큰 구름이 비를 내릴 때에 큰 구름비가 있어 이름을 '능멸'이라 하니 능히 화재를 소멸하며, 큰 구름비가 있어 이름을 '능기'라 하니 능히 큰 물을 일으키며, 큰 구름비가 있어 이름을 '능지'라 하니 능히 큰 물을 멈추며, 큰 구름비가 있어 이름을 '능성'이라 하니 능히 일체 마니 모든 보배를 이루며, 큰 구름비가 있어 이름을 '분별'이라 하니 삼천대천세계를 분별한다.

불자들이여, 여래께서 출현하심도 또한 이와 같아서 큰 법의 구름을 일으켜 큰 법의 비를 내림에, 큰 법의 비가 있어 이름을 '능멸'이라 하니 일체 중생의 번뇌를 능히 소멸하며, 큰 법의 비가 있어 이름을 '능기'라 하니 일체 중생의 선근을 능히 일으 킨다.

큰 법의 비가 있어 이름을 '능지' 라 하니 일체 중생의 견혹을 능히 그 치며, 큰 법의 비가 있어 이름을 '능 성'이라 하니 일체 지혜의 법보를 능 히 이루며, 큰 법의 비가 있어 이름 을 '분별'이라 하니 일체 중생의 마음에 즐겨함을 분별한다.

불자들이여, 이것이 여래 응정등각께서 출현하시는 다섯째 모양이니, 보살마하살은 마땅히 이와 같이 알아야 한다.

다시 또 불자들이여, 비유하면 큰 구름이 한 맛의 물을 비내리되 그 비내릴 곳을 따라서 한량없이 차별하듯이, 여래께서 출현하심도 또한 이와 같아서 대비의 한 맛의 법의 물을 비내리되 마땅함을 따라 법을 설하여 한량없이 차별하다.

불자들이여, 이것이 여래 응정등각께서 출현하시는 여섯째 모양이니, 보살마하살은 마땅히 이와 같이 알아야 한다.

다시 또 불자들이여, 비유하면 삼천대천세계가 처음 비로소 이루어질 때에 먼저 형상세계의 모든 하늘 궁전을 이루고, 다음에 욕심세계의 모든 하늘 궁전을 이루고, 다음에 사람과 그리고 다른 중생들의 모든 머무를 처소를 이룬다.

불자들이여, 여래께서 출현하심도
또한 이와 같아서 먼저 보살의 모든
행과 지혜를 일으키고, 다음에 연각
의 모든 행과 지혜를 일으키고, 다음
에 성문의 선근의 모든 행과 지혜를
일으키고, 다음에 그 나머지 중생들
의 함이 있는 선근의 모든 행과 지혜
를 일으킨다.

불자들이여, 비유하면 큰 구름이
한 맛의 물을 비내리되 모든 중생들
의 선근이 다름을 따르는 까닭으로

일으키는 바 궁전이 갖가지로 같지 않듯이, 여래의 대비하신 한 맛의 법의 비도 중생들의 그릇을 따라서 차별이 있다.

불자들이여, 이것이 여래 응정등각께서 출현하시는 일곱째 모양이니, 보살마하살은 마땅히 이와 같이 알아야 한다.

다시 또 불자들이여, 비유하면 세계가 처음 이루어지려 할 때에 큰 물이 생겨서 삼천대천세계에 두루 가득하고 큰 연꽃이 나니 이름이 '여래께서 출현하시는 공덕 보배 장엄'이라 물 위를 두루 덮어 빛이 시방의 일체 세계를 비추는데, 그때에 마혜수라 정거천들이 이 꽃을 보고는 곧 이 겁 동안에 그러한 부처님께서 세상에 출현하실 것을 결정코 안다.

불자들이여, 그때 그 가운데 풍륜이 일어나니 이름이 '매우 깨끗한 광명'이며, 형상세계의 모든 하늘 궁전을 능히 이룬다. 풍륜이 일어나니 이름이 '깨끗한 빛 장엄'이며, 욕심세계의 모든 하늘 궁전을 능히 이룬다. 풍륜이 일어나니 이름이 '견고하고 빽빽하여 깨뜨릴 수 없음'이며, 크고 작은 모든 윤위산과 금강산을 능히 이룬다. 풍륜이 일어나니 이름이 '수승하고 높음'이며, 수미산왕을 능히 이룬다.

풍륜이 일어나니 이름이 '흔들리지 않음'이며, 열 큰 산왕을 능히 이룬다. 무엇이 열인가? 이른바 거타라산과 선인산과 복마산과 대복마산과 지쌍산과 니민다라산과 목진

린타산과 마하목진린타산과 향산과 설산이다.

풍륜이 일어나니 이름이 '편안히 머무름'이며 대지를 능히 이루고, 풍륜이 일어나니 이름이 '장엄'이며 땅과 하늘의 궁전과 용의 궁전과 건달바의 궁전을 능히 이루고, 풍륜이 일어나니 이름이 '무진장'이며 삼천대천세계의 일체 큰 바다를 능히 이루고, 풍륜이 일어나니 이름이 '보광명장'이며 삼천대천세계의 모든 마니보배를 능히 이루고, 풍륜이 일어나니 이름이 '견고한 뿌리'이며 일체 모든 뜻과 같은 나무를 능히 이룬다.

불자들이여, 큰 구름에서 내리는 한 맛의 물이 분별이 없지만 중생들의 선근이 같지 않은 까닭으로 풍륜이 같지 않고, 풍륜이 차별한 까닭으로 세계가 차별하다.

불자들이여, 여래께서 출현하심도 또한 이와 같아서 일체 선근의 공덕을 구족하여 위없는 큰 지혜 광명을 놓으시니 이름이 '여래의 종성을 끊지 않는 부사의한 지혜'이며, 시방의 일체 세계를 널리 비추고 모든 보살들에게 일체 여래의 관정의 수기를 주되 '마땅히 바른 깨달음을 이루어 세상에 출현하리라'고 한다.

불자들이여, 여래께서 출현하심에 다시 위없는 큰 지혜 광명이 있으니 이름이 '청정하여 때를 여읨'이며, 여래의 샘이 없고 다함이 없는 지혜를 능히 이룬다.

다시 위없는 큰 지혜 광명이 있으니 이름이 '널리 비춤'이며, 여래께

서 법계에 널리 들어가시는 부사의
한 지혜를 능히 이룬다.

다시 위없는 큰 지혜 광명이 있으
니 이름이 '부처님의 종성을 지님'이
며, 여래의 흔들리지 않는 힘을 능히
이룬다.

다시 위없는 큰 지혜 광명이 있으
니 이름이 '멀리 뛰어나 깨뜨릴 수
없음'이며, 여래의 두려움 없고 깨뜨
릴 수 없는 지혜를 능히 이룬다.

다시 위없는 큰 지혜 광명이 있으
니 이름이 '일체 신통'이며, 여래의

모든 함께하지 않는 법인 일체지의 지혜를 능히 이룬다.

다시 위없는 큰 지혜 광명이 있으니 이름이 '변화를 출생함'이며, 여래를 보고 듣고 친근하여 생긴 선근을 잃어버리지 않게 하는 지혜를 능히 이룬다.

다시 위없는 큰 지혜 광명이 있으니 이름이 '널리 수순함'이며, 여래의 다함없는 복덕과 지혜의 몸을 능히 이루어 일체 중생을 위하여 요익을 짓는다.

다시 위없는 큰 지혜 광명이 있으니 이름이 '구경이라 할 수 없음'이며, 여래의 매우 깊은 묘한 지혜를 능히 이루어 깨우치는 바를 따라서 삼보의 종자가 길이 끊어지지 않게 한다.

다시 위없는 큰 지혜 광명이 있으니 이름이 '갖가지 장엄'이며, 여래의 상호로 장엄한 몸을 능히 이루어 일체 중생으로 하여금 모두 환희케 한다.

다시 위없는 큰 지혜 광명이 있으

니 이름이 '깨뜨릴 수 없음'이며, 여래의 법계와 허공계와 같이 수승한 수명을 능히 이루어 끝까지 다함이 없다.

불자들이여, 여래의 대비하신 한 맛의 물은 분별이 없지만, 모든 중생들의 욕락이 같지 않고 근성이 각각 다르므로 갖가지 큰 지혜의 풍륜을 일으켜 모든 보살들로 하여금 여래께서 출현하시는 법을 성취하게 한다.

불자들이여, 일체 여래께서 동일한

자체 성품인 큰 지혜 바퀴 가운데 갖가지 지혜 광명을 내신다.

불자들이여, 그대들은 마땅히 알아야 한다. 여래께서 한 해탈의 맛에서 한량없고 불가사의한 갖가지 공덕을 내시는데, 중생들이 생각하여 말하기를 '이것은 여래의 위신력으로 짓는 것이다'라고 하거니와, 불자들이여, 이것은 여래의 위신력으로 짓는 것이 아니다.

불자들이여, 내지 한 보살이라도 부처님 처소에서 일찍이 선근을 심지 않고서 여래의 작은 부분의 지혜라도 능히 얻는다는 것은 옳은 도리가 아니다. 단지 모든 부처님의 위덕의 힘으로써 모든 중생들로 하여금 부처님의 공덕을 갖추게 하지만 부처님 여래께서는 분별이 없으며, 이름도 없고 깨뜨림도 없으며, 짓는 자도 없으며, 또한 지을 법도 없다.

불자들이여, 이것이 여래 응정등각께서 출현하시는 여덟째 모양이니, 보살마하살은 마땅히 이와 같이 알아야 한다.

다시 또 불자들이여, 마치 허공을 의지하여 네 가지 풍륜을 일으켜서 수륜을 능히 지니게 함과 같다.

무엇을 네 가지라 하는가? 하나는 이름이 '편안히 머무름'이고, 둘은 이름이 '항상 머무름'이고, 셋은 이름이 '끝까지 이름'이고, 넷은 이름이 '견고함'이다.

이 네 풍륜은 수륜을 능히 지니고, 수륜은 대지를 능히 지니어 흘어지고 무너지지 않게 한다. 그러므로 '지륜은 수륜을 의지하고, 수륜은 풍륜을 의지하고, 풍륜은 허공을 의지하고, 허공은 의지하는 바가 없다'라고 말하니, 비록 의지하는 바가 없으나 능히 삼천대천세계가 편안히 머무르게 한다.

불자들이여, 여래께서 출현하심도 또한 이와 같아서 걸림 없는 지혜 광명을 의지하여 부처님의 네 가지 큰 지혜 풍륜을 일으켜서 일체 중생의 선근을 능히 지니게 한다.

무엇이 넷인가? 이른바 '중생들을 널리 거두어 모두 환희하게 하는 큰 지혜 풍륜'과, '바른 법을 세워서 모든 중생들로 하여금 다 사랑하고 좋아함을 내게 하는 큰 지혜 풍륜'과, '일체 중생의 선근을 수호하는 큰 지혜 풍륜'과, '일체 방편을 갖추어 샘이 없는 경계를 통달하는 큰 지혜 풍륜'이다. 이것이 넷이다.

불자들이여, 모든 부처님 세존께서 대자로 일체 중생을 구호하고, 대비로 일체 중생을 제도하여 해탈시키고, 대자대비로 널리 두루 이익되게 하신다. 그러나 대자대비는 큰 방편

선교를 의지하고, 큰 방편 선교는 여래출현을 의지하고, 여래출현은 걸림 없는 지혜 광명을 의지하고, 걸림 없는 지혜 광명은 의지하는 바가 없다.

불자들이여, 이것이 여래 응정등각께서 출현하시는 아홉째 모양이니, 보살마하살은 마땅히 이와 같이 알아야 한다.

다시 또 불자들이여, 비유하면 삼천대천세계가 이미 성취되고는 한량없는 갖가지 중생들을 요익케 한다.

이른바 물의 중생은 물의 요익을 얻
고, 육지의 중생은 땅의 요익을 얻
고, 궁전의 중생은 궁전의 요익을 얻
고, 허공의 중생은 허공의 요익을 얻
는다.

여래께서 출현하심도 또한 이와 같
아서 갖가지로 한량없는 중생들을
요익케 한다.

이른바 부처님을 친견하고 환희하
는 자는 환희하는 이익을 얻고, 깨끗
한 계에 머무르는 자는 깨끗한 계의
이익을 얻고, 모든 선정과 그리고 한

량없음에 머무르는 자는 성인이 출세하는 큰 신통의 이익을 얻는다.

법문의 광명에 머무르는 자는 인과가 무너지지 않는 이익을 얻고, 무소유의 광명에 머무르는 자는 일체 법이 무너지지 않는 이익을 얻는다.

그러므로 여래출현은 일체 한량없는 중생들을 요익케 한다고 말하는 것이다.

불자들이여, 이것이 여래 응정등각께서 출현하시는 열째 모양이니, 보살마하살은 마땅히 이와 같이 알아야 한다.

불자들이여, 보살마하살이 여래께서 출현하심을 알면 곧 한량없음을 아니, 한량없는 행을 성취함을 아는 까닭이다. 곧 광대함을 아니, 시방에 두루함을 아는 까닭이다. 곧 오고 감이 없음을 아니, 나고 머무르고 사라짐을 여읜 줄 아는 까닭이다.

곧 행함도 없고 행할 바도 없음을 아니, 마음과 뜻과 의식을 여읜 줄 아는 까닭이다. 곧 몸이 없음을 아니, 허공과 같음을 아는 까닭이다. 곧 평등함을 아니, 일체 중생이 모두 '나'가 없음을 아는 까닭이다.

곧 다함이 없음을 아니, 일체 세계에 두루하여 다함이 없음을 아는 까닭이다. 곧 물러남이 없음을 아니, 뒷 시절이 다하도록 단절됨이 없음을 아는 까닭이다. 곧 무너짐이 없음을 아니, 여래의 지혜는 상대가 없음을 아는 까닭이다.

곧 둘이 없음을 아니, 함과 함이 없음을 평등하게 관찰할 줄 아는 까닭이다. 곧 일체 중생이 모두 이익 얻음을 아니, 본래 서원을 회향하여 자재하게 만족하는 까닭이다."

그때에 보현 보살마하살이 이 뜻을 거듭 밝히려고 게송을 설하여 말씀하였다.

십력의 크신 영웅
가장 위없는 분이시여!
비유하면 허공처럼
같음이 없이 같으셔서

경계가 광대하여
헤아릴 수 없으니
공덕이 제일이며
세간을 초월하셨도다.

십력의 공덕은
가없고 한량이 없어
마음과 뜻과 사량으로
미치지 못할 바이니
사람 가운데 사자의
한 법문을
중생들은 억 겁에도

능히 알지 못하도다.

시방의 국토를
부수어 만든 티끌은
혹 계산하여
그 수효를 알 수 있어도
여래의 한 털끝만 한
공덕의 양은
천만억 겁 동안에도
설할 수 없도다.

어떤 사람이 자를 들고

허공을 재는데
또 어떤 이가 따라가며
그 수효를 세어도
허공의 끝을
찾을 수 없듯이
여래의 경계도
또한 이와 같도다.

혹 어떤 이가
능히 찰나 동안에
삼세 중생들의 마음을
다 알아도

설령 중생 수와
같은 겁을 지낼지라도
부처님의 한 순간 성품은
알 수 없도다.

비유하면 법계가
일체에 두루하지만
보고 일체라고
할 수 없듯이
십력의 경계도
또한 그러하여
일체에 두루하나

일체가 아니로다.

진여는 허망함을 떠나

항상 적정하여

남도 없고 멸함도 없이

널리 두루하니

모든 부처님의 경계도

또한 그러하여

자체 성품이 평등하여

늘거나 줄지 않도다.

비유하면 실체라도

실제가 아니며
널리 삼세에 있으나
또한 두루하지 않듯이

도사의 경계도
또한 이와 같아서
삼세에 두루하나
모두 걸림이 없도다.

법의 성품은 지음도 없고
변하여 바뀌지도 않아
마치 허공이
본래 청정하듯이

모든 부처님의 성품이
청정함도 이와 같아서
본 성품은 성품이 아니라
유와 무를 떠났도다.

법의 성품은
언론에 있지 아니하니
말이 없고 말을 떠나
항상 고요해
십력의 경계와 성품도
또한 그러하여
일체의 글과 말로

변별할 수 없도다.

모든 법이 자성이 적멸해서

새가 허공에 나르매

자취가 없는 것과 같음을

분명히 알지만

본래 서원의 힘으로

색신을 나타내어

여래의 큰 신통 변화를

보게 하시도다.

만약 어떤 이가

부처님의 경계를 알고자 하면
마땅히 그 뜻을 맑게 하기를
허공과 같이 하여
망상과 모든 집착을
멀리 여의고
마음이 향하는 곳이
다 걸림 없게 할지어다.

그러므로 불자들은
마땅히 잘 들으라.
내가 작은 비유로
부처님 경계를 밝히리니

십력의 공덕을

헤아릴 수 없으나

중생들을 깨우치기 위해

이제 간략히 설하리라.

도사께서 나타내신

몸의 업과

말의 업과 마음의 업과

모든 경계와

묘한 법륜을 굴리고

열반에 드시는

일체의 선근을

내가 이제 설하리라.

비유하면 세계가

처음 안립할 때에

한 인연으로

이루어진 것이 아니고

한량없는 방편과

모든 인연으로

이 삼천대천세계를

이루었듯이

여래께서 출현하심도

이와 같아서
한량없는 공덕으로
이루어졌으니
세계의 티끌 같은 마음은
오히려 알 수 있으나
십력의 생긴 인연은
헤아릴 수 없도다.

비유하면 겁의 처음에
구름이 비를 내림에
네 가지 큰 풍륜을
일으키니

중생의 선근과
보살의 힘으로
이 삼천세계를 이루어
각각 안주하듯이

십력의 법의 구름도
이와 같아서
지혜의 풍륜과
청정한 뜻을 일으켜
옛적에 회향한 바
모든 중생들을
널리 인도하여

위없는 과를 이루게 하도다.

큰 비가 있으니

이름이 '억수 장마'라

능히 수용할 바

처소가 없지만

오직 세계가

장차 이루어지려 할 때

청정한 허공의 큰 풍력은

제외되듯이

여래께서 출현하심도

이와 같아서
법의 비를 널리 내려
법계에 가득하니
일체 용렬한 뜻으로는
지닐 수 없지만
오직 청정하고 광대한 마음은
제외되도다.

비유하면 허공에서
큰비를 내림에
좇아온 곳도 없고
간 곳도 없으며

짓는 자도 받는 자도
다 또한 없지만
자연히 이와 같이
널리 흡족하듯이

십력의 법의 비도
또한 이와 같아서
감도 없고 옴도 없고
지음도 없지만
본래 행이 원인되어
보살 힘으로
일체 큰마음 가진 이는

다 듣고 받도다.

비유하면 허공의 구름이

큰비를 내림에

일체가 그 빗방울을

셀 수 없지만

오직 삼천세계 자재천왕이

공덕의 힘을 갖추어

다 밝게 아는 것은

제외되듯이

선서의 법의 비도

이와 같아서
일체 중생은
능히 헤아리지 못하지만
오직 세상에
자재한 사람이
손바닥 안의 보배를 보듯이
밝게 보는 것은 제외되도다.

비유하면 허공의 구름이
큰비를 내림에
능히 없애고 능히 일으키고
또한 능히 끊으며

일체 진귀한 보배를
모두 능히 만들고
삼천세계에 있는 것을
다 분별하듯이

십력의 법의 비도
이와 같아서
미혹을 없애고 선을 일으켜
모든 소견을 끊으며
일체 지혜 보배를
다 이루게 하고
중생들 마음에 즐겨함을

다 분별하도다.

비유하면 공중에서 내리는 비는

한 맛이지만

그 비 내릴 곳을 따라

각각 같지 않으니

어찌 그 비의 성품에

분별이 있으리오마는

그러나 만물이 다름을 따라

법도 이와 같듯이

여래의 법의 비도

갈지도 다르지도 않아서
평등하고 적정하여
분별을 여의었지만
그러나 교화할 바가
갖가지로 다름을 따라
자연히 이와 같이
가없는 모양이로다.

비유하면 세계가
처음 이루어질 때
먼저 형상세계의 하늘 궁전이
이루어지고

다음에 욕심 하늘
다음에 인간의 처소
건달바의 궁전은
최후에 이루어지듯이

여래께서 출현하심도
이와 같아서
먼저 가없는 보살행을
일으키시고
다음에 고요함을 즐기는
모든 연각들
다음에 성문대중

뒤에 중생들을 교화하시도다.

모든 천신들이
연꽃의 상서를 처음 보고서
부처님께서 곧 출현하실 것을
알고 환희하니
물의 연과 바람의 힘으로
세간을 일으켜
궁전과 산천이
모두 생기도다.

여래께서

옛적 선근의 큰 광명으로
보살들을 공교히 분별하여
수기를 주시니
있는 바 지혜 바퀴 체성이
모두 청정하여
각각 모든 부처님 법을
능히 열어 보이도다.

비유하면 나무숲은
땅을 의지해 있고
땅은 물을 의지해
무너지지 않으며

수륜은 바람을 의지하고
바람은 허공을 의지하되
그러나 그 허공은
의지하는 바가 없듯이

일체 부처님 법은
자비를 의지하고
자비는 다시 방편을
의지해 있고
방편은 지를 의지하고
지는 혜를 의지하되
걸림 없는 혜의 몸은

의지하는 바가 없도다.

비유하면 세계가

이미 성립함에

일체 중생이

그 이익을 얻으니

땅과 물에 사는 것과

허공에 사는 것과

두 발과 네 발의 중생들이

모두 이익을 받듯이

법왕께서 출현하심도

이와 같아서
일체 중생이
그 이익을 얻으니
만약 보고 듣고
친근하면
모든 미혹과 고뇌를
다 멸하여 없애게 하시도다.

여래께서 출현하시는 법이
가없는데
세간은 미혹하여
능히 알지 못하니

모든 중생들을
깨우치려고
비유가 없는 가운데
그 비유를 설하였도다.

"불자들이여, 모든 보살마하살들
은 마땅히 어떻게 여래 응정등각의
몸을 보아야 하는가?

불자들이여, 모든 보살마하살들은
마땅히 한량없는 곳에서 여래의 몸
을 보아야 한다. 왜냐하면 모든 보살

마하살들은 마땅히 한 법이나 한 일이나 한 몸이나 한 국토나 한 중생에게서 여래를 보지 않아야 하고, 마땅히 일체 처에 두루하여 여래를 보아야 한다.

불자들이여, 비유하면 허공이 일체 물질과 물질 아닌 곳에 두루 이르지만 이르는 것도 아니고 이르지 않는 것도 아니다. 왜냐하면 허공은 몸이 없는 까닭이다.

여래의 몸도 또한 이와 같아서 일

체 처에 두루하며, 일체 중생에게 두루하며, 일체 법에 두루하며, 일체 국토에 두루하되, 이르는 것도 아니고 이르지 않는 것도 아니다.

왜냐하면 여래의 몸은 몸이 없는 까닭이니, 중생을 위한 까닭으로 그 몸을 나타내 보이신다.

불자들이여, 이것이 여래 몸의 첫째 모양이니, 모든 보살마하살들은 마땅히 이와 같이 보아야 한다.

다시 또 불자들이여, 비유하면 허

공이 넓고 형상이 아니지만 일체 모든 형상을 능히 나타내면서도 저 허공은 분별이 없고 또한 희론도 없다.

여래의 몸도 또한 이와 같아서 지혜의 광명을 널리 밝게 비추는 까닭으로 일체 중생으로 하여금 세간과 출세간의 모든 선근의 업을 다 성취케 하면서도 여래의 몸은 분별이 없고 또한 희론도 없다. 왜냐하면 본래부터 일체 집착과 일체 희론을 다 길이 끊은 까닭이다.

불자들이여, 이것이 여래 몸의 둘

째 모양이니, 모든 보살마하살들은 마땅히 이와 같이 보아야 한다.

다시 또 불자들이여, 비유하면 해가 염부제에 뜸에 한량없는 중생들이 모두 이익을 얻는다. 이른바 어둠을 깨뜨려 밝게 하며, 젖은 것을 마르게 하며, 초목을 나서 자라게 하며, 곡식을 성숙케 하며, 허공을 환히 트이게 하며, 연꽃을 피게 하며, 보행자는 길을 보게 하며, 집에 있는 자는 업에 힘쓰게 한다. 왜냐하면 태양이 한량없는 광명을 널리 놓는 까닭이다.

불자들이여, 여래 지혜의 해도 또한 이와 같아서 한량없는 일로 중생들을 널리 이익케 한다.

이른바 악을 없애고 선을 내며, 어리석음을 깨뜨리고 지혜가 되게 하며, 대자로 구호하고 대비로 제도하여 해탈케 한다. 그들로 하여금 근과 력과 깨달음의 분을 증장하게 하며, 깊은 신심을 내어 흐린 마음을 버려 여의게 한다.

보고 들어서 원인과 결과를 깨뜨리지 않게 하며, 천안을 얻어서 죽고 태어나는 곳을 보게 하며, 마음이 걸림이 없어서 선근을 무너뜨리지 않게 하며, 지혜를 닦아 밝혀서 깨달음의 꽃을 피게 하며, 그들로 하여금 발심하여 본래의 행을 성취케 한다.

무슨 까닭인가? 여래의 광대한 지혜 해의 몸이 한량없는 광명을 놓아 널리 밝게 비추는 까닭이다.

불자들이여, 이것이 여래 몸의 셋째 모양이니, 모든 보살마하살들은 마땅히 이와 같이 보아야 한다.

다시 또 불자들이여, 비유하면 해가 염부제에 뜸에 먼저 일체 수미산 등 모든 큰 산왕을 비추고, 다음에 흑산을 비추고, 다음에 고원을 비추고, 그런 후에 일체 대지를 널리 비추지만, 해가 생각하기를 '내가 먼저 여기 비추고 뒤에 저기 비추리라'고 하지 않는다. 단지 산과 땅이 높고 낮음이 있는 까닭으로 비춤에 선후가 있다.

여래 응정등각도 또한 이와 같아서 가없는 법계 지혜의 바퀴를 성취하여 걸림 없는 지혜 광명을 항상 놓아서 먼저 보살마하살 등 모든 큰 산왕을 비추고, 다음에 연각을 비추고, 다음에 성문을 비추고, 다음에 결정된 선근의 중생들을 비추어, 그 마음 그릇을 따라 넓고 큰 지혜를 보이고, 그런 뒤에 일체 중생을 널리 비추며, 내지 사정취에게도 또한 모두 널리 미친다.

미래에 이익할 인연을 지어 성숙케

하기 위한 까닭이다. 그러나 저 여래의 큰 지혜 햇빛은 생각하기를 '내가 마땅히 먼저 보살의 크게 수행하는 이를 비추고, 내지 나중에 사정취 중생을 비추리라'고 하지 않는다. 다만 광명을 놓아 평등하게 널리 비출 뿐, 걸림도 없고 막힘도 없고 분별하는 바도 없다.

불자들이여, 비유하면 해와 달이 때를 따라 출현하여 큰 산과 깊은 골짜기를 사사로움 없이 널리 비추듯이, 여래의 지혜도 또한 이와 같아서 일체를 널리 비추고 분별함이 없지만 모든 중생들의 근성과 욕망이 같지 아니함을 따라서 지혜의 광명도 갖가지로 다름이 있다.

불자들이여, 이것이 여래 몸의 넷째 모양이니, 모든 보살마하살들은 마땅히 이와 같이 보아야 한다.

다시 또 불자들이여, 비유하면 해가 뜨는 것을 태어날 때부터 맹인인 중생들은 눈이 없는 까닭으로 일찍이 보지 못하였다. 비록 일찍이 보지는 못하였으나 그러나 햇빛의 이익하는 바가 된다. 왜냐하면 이것을 인하여 낮과 밤의 시절을 알고, 갖가지 의복과 음식을 수용하여 몸을 조화롭고 편안하게 하며 온갖 근심을 여의는 까닭이다.

여래 지혜의 해도 또한 이와 같아서 믿음이 없고 이해가 없고 계를 훼손하고 소견을 훼손하고 삿되게 살아가는, 태어날 때부터 맹인인 부류는 믿음의 눈이 없는 까닭으로 모든 부처님 지혜의 해를 보지 못한다. 비록 부처님 지혜의 해를 보지는 못하나 또한 지혜의 해의 이익하는 바가 된다. 왜냐하면 부처님의 위신력으로써 저 중생들이 가진 몸의 고통과 그리고 모든 번뇌와 미래의 괴로움의 원인을 모두 소멸하게 하는 까닭이다.

불자들이여, 여래께 광명이 있으니 이름이 '일체 공덕을 쌓아 모음'이며, 광명이 있으니 이름이 '일체를 널리 비춤'이며, 광명이 있으니 이름이 '청정하고 자재하게 비춤'이다.

광명이 있으니 이름이 '크고 미묘한 음성을 냄'이며, 광명이 있으니 이름이 '일체 말하는 법을 널리 알아서 다른 이를 환희하게 함'이며, 광명이 있으니 이름이 '일체 의심을 길이 끊어 자재한 경계를 나타내 보임'이다.

광명이 있으니 이름이 '머무름이 없는 지혜로 자재하게 널리 비춤'이며, 광명이 있으니 이름이 '일체 희론을 길이 끊은 자재한 지혜'이며, 광명이 있으니 이름이 '마땅한 바를 따라 미묘한 음성을 냄'이며, 광명이 있으니 이름이 '청정하고 자재한 음성을 내어 국토를 장엄하고 중생을 성숙하게 함'이다.

불자들이여, 여래의 낱낱 모공에서 이와 같은 등 일천 가지 광명을 놓아서 오백 광명으로는 하방을 널리 비추고, 오백 광명으로는 상방의 갖가지 세계 가운데 갖가지 부처님 처소의 모든 보살 대중들을 널리 비춘다.

그 보살들이 이 광명을 보고는 한

꺼번에 다 여래의 경계를 얻어서 열 머리와 열 눈과 열 귀와 열 코와 열 혀와 열 몸과 열 손과 열 발과 열 지위와 열 지혜가 모두 다 청정하여졌다. 저 모든 보살들의 먼저 성취한 모든 처소와 모든 지위에서 그 광명을 보고 더욱더 청정하여지며 일체 선근이 모두 다 성숙하여 일체지에 나아갔다.

이승에 머무른 자는 일체 때를 없애고, 그 나머지 한 부분인 태어날 때부터 맹인인 중생들도 몸이 이미 쾌락하고 마음도 또한 청정하여 유연하고 조복되어 생각의 지혜를 견디어 닦게 되었다. 지옥과 아귀와 축생의 모든 갈래에 있는 중생들도 다 쾌락을 얻고 온갖 고통에서 해탈하며, 목숨이 마치면 모두 천상과 인간에 태어난다.

불자들이여, 저 모든 중생들은 무슨 인연과 무슨 위신력으로써 여기에 와서 태어나는지를 깨닫지 못하고 알지 못하며, 저 태어날 때부터 맹인인 자는 이와 같은 생각을 하기를 '나는 범천이며, 나는 범천의 변화함이다'라고 한다.

이때에 여래께서 널리 자재하는 삼매에 머무르면서 예순 가지 미묘한 음성을 내어 말씀하셨다. '그대들은 범천도 아니고, 또한 범천이 변화한 것도 아니며, 또한 제석이나 호세사천왕이 지은 바도 아니고, 모두가 여래의 위신력이다.'

저 모든 중생들이 이 말씀을 듣고는 부처님의 위신력으로 모두 지난 세상의 일을 알고 크게 환희하며, 마음이 환희하므로 저절로 우담꽃구름과 향구름과 음악구름과 옷구름과 일산구름과 당기구름과 번기구름과 가루향구름과 보배구름과 사자당기반달누각구름과 노래하여 찬탄하는 구름과 갖가지로 장엄한 구름을 내어 모두 존중하는 마음으로 여래께 공양올렸다.

무슨 까닭인가? 이 모든 중생들이 깨끗한 눈을 얻은 까닭으로 여래께서 그들에게 아뇩다라삼먁삼보리의 수기를 주신 것이다.

불자들이여, 여래의 지혜의 해는 이와 같이 태어날 때부터 맹인인 중생들도 이롭게 하여 선근을 얻어 구족히 성숙하게 한다.

불자들이여, 이것이 여래 몸의 다섯째 모양이니, 모든 보살마하살들은 마땅히 이와 같이 보아야 한다.

다시 또 불자들이여, 비유하면 보름달에는 네 가지 기특한 미증유의 법이 있다. 무엇이 넷인가? 하나는 일체 별의 광명을 덮어 가림이고, 둘은 때를 따라서 이지러지고 차는 것을 나타내 보임이고, 셋은 염부제의 맑은 물속에 영상이 나타나지 않음이 없음이고, 넷은 일체 보는 자가 모두 눈앞에 대하지만 그러나 이 달은 분별이 없고 희론도 없음이다.

불자들이여, 여래 몸의 달도 또한 이와 같아서 네 가지 기특한 미증유의 법이 있다.

무엇이 넷인가? 이른바 일체 성문과 독각과 배우는 자와 배울 것 없는 중생들을 덮어 가리는 것이고, 그 마땅한 바를 따라서 수명의 길고 짧음이 같지 않음을 나타내 보이지만 여래의 몸은 증감이 없는 것이고, 일체 세계의 마음이 깨끗한 중생의 보리 그릇 가운데 그림자가 나타나지 않음이 없는 것이고, 일체 중생이 우러러 대함이 있는 자는 다 '여래께서 오직 내 앞에만 나타나신다'라고 하는 것이다.

그 마음의 좋아함을 따라서 위하여 법을 설하고, 그 지위를 따라서 해탈을 얻게 하며, 마땅히 교화할 바를 따라서 부처님의 몸을 보게 하되, 여래의 몸은 분별이 없고 희론도 없어서 짓는 이익이 모두 끝까지 이른다.

불자들이여, 이것이 여래 몸의 여섯째 모양이니, 모든 보살마하살들은 마땅히 이와 같이 보아야 한다.

다시 또 불자들이여, 비유하면 삼천대천세계의 대범천왕은 적은 방편으로써 대천세계에 그 몸을 널리 나타내는데, 일체 중생이 다 범왕이 자기 앞에 나타나 있음을 보지만 이 범왕은 또한 몸을 나누지도 않고 갖가지 몸도 없다.

불자들이여, 모든 부처님 여래도 또한 다시 이와 같아서 분별이 없으며 희론도 없으며 또한 몸을 나누지도 않으며 갖가지 몸도 없지만, 일체 중생의 마음에 즐겨함을 따라서 그 몸을 나타내 보이되 또한 조금도 몸을 나타낸다는 생각을 하지 않는다.

불자들이여, 이것이 여래 몸의 일곱째 모양이니, 모든 보살마하살들은 마땅히 이와 같이 보아야 한다.

다시 또 불자들이여, 비유하면 의왕이 온갖 약과 그리고 모든 주문을 잘 알아 염부제 가운데 모든 있는 바 약을 쓰되 다하지 않음이 없으며, 다시 숙세의 모든 선근의 힘과 크고 밝은 주문의 힘으로써 방편을 삼은 까닭으로 중생들이 보는 자는 병이 낫지 않음이 없다.

저 큰 의왕이 목숨이 장차 끝날 것을 알고 이 생각을 지어 말하기를

'나의 목숨이 끝난 뒤에는 일체 중생이 의지할 바가 없을 것이니, 내가 이제 마땅히 위하여 방편을 나타내리라'고 한다.

이때 의왕이 약을 만들어 몸에 바르고 밝은 주문의 힘으로 유지하여, 그가 죽은 뒤에도 몸이 흩어지지 않고 시들지도 않고 마르지도 않아서 위의와 보고 들음이 본래와 다름이 없게 해서, 무릇 치료하는 바가 모두 쾌차하게 함을 얻는다.

불자들이여, 여래 응정등각인 위없

는 의왕도 또한 이와 같아서 한량없는 백천억 나유타 겁 동안에 법의 약을 연마하고 다스려 이미 성취함을 얻었다.

일체 방편 선교를 닦아 배워서 크고 밝은 주문의 힘이 모두 저 언덕에 이르러, 일체 중생의 모든 번뇌의 병을 잘 능히 소멸시킨다. 그리고 수명에 머물러 한량없는 겁을 지내되, 그 몸이 청정하여 생각함도 없고 움직여 작용함도 없지만 일체 불사를 일찍이 쉬지 아니하였으며, 중생들이 보는 자는 모든 번뇌의 병이 다 소멸함을 얻는다.

불자들이여, 이것이 여래 몸의 여덟째 모양이니, 모든 보살마하살들은 마땅히 이와 같이 보아야 한다.

다시 또 불자들이여, 비유하면 큰 바다에 큰 마니보배가 있으니 이름이 '일체 광명을 모은 비로자나장'이다.

만약 어떤 중생이 그 광명에 닿으면 모두 그 빛과 같아지고, 만약 보는 자가 있으면 눈이 청정함을 얻으며, 그 광명이 비치는 곳을 따라 마니보배를 비내리니 이름이 '안락'이라 모든 중생들로 하여금 괴로움을 여의고 화평하게 한다.

불자들이여, 모든 여래의 몸도 또한 이와 같아서 큰 보배더미 일체 공덕의 큰 지혜 창고가 된다.

만약 어떤 중생이 부처님 몸의 보배 지혜 광명에 닿으면 부처님 몸의 빛과 같아지고, 만약 보는 자가 있으면 법의 눈이 청정하여진다. 그 광명이 비치는 곳을 따라 모든 중생들로 하여금 빈궁한 고통을 여의게 하며, 내지 부처님 보리의 낙을 구족하게 한다.

불자들이여, 여래의 법신은 분별하는 바가 없고 또한 희론도 없지만 능히 널리 일체 중생을 위하여 큰 불사를 짓는다.

불자들이여, 이것이 여래 몸의 아홉째 모양이니, 보살마하살들은 마땅히 이와 같이 보아야 한다.

다시 또 불자들이여, 비유하면 큰 바다에 큰 여의 마니보배왕이 있으니 이름이 '일체 세간을 장엄하는 창고'이다. 백만 공덕을 구족하게 성취하고 머무르는 곳을 따라 모든 중생들로 하여금 재앙과 환란이 소멸되고 소원을 만족하게 한다. 그러나 이 여의 마니보배왕은 복이 적은 중생들은 능히 볼 수 없다.

여래 몸의 여의 보배왕도 또한 다시 이와 같아서 이름이 '일체 중생으로 하여금 모두 다 환희하게 함'

이니, 만약 몸을 보거나 이름을 듣고 공덕을 찬탄하면 모두 생사의 고통을 길이 여의게 하며, 가령 일체 세계의 일체 중생이 일시에 오롯한 마음으로 여래를 보고자 하더라도 다 보게 하고 소원을 다 만족하게 한다.

불자들이여, 부처님의 몸은 복이 적은 중생들의 볼 수 있는 바가 아니고, 오직 여래의 자재하신 위신력으로 마땅히 조복하시는 바는 제외된다.

만약 어떤 중생이 부처님의 몸을

친견하면 곧 선근을 심고 내지 성숙하며, 성숙케 하기 위한 까닭으로 이에 여래의 몸을 보게 할 뿐이다.

불자들이여, 이것이 여래 몸의 열째 모양이니, 모든 보살마하살들은 마땅히 이와 같이 보아야 한다.

그 마음이 한량없어 시방에 두루 하는 까닭이며, 다니는 것이 걸림이 없어서 허공과 같은 까닭이며, 법계에 널리 들어가는 까닭이며, 진실한 경계에 머무르는 까닭이며, 남이 없고 멸함도 없는 까닭이며, 삼세에 평등하게 머무르는 까닭이며, 일체 분별을 길이 여읜 까닭이며, 뒷 시절이 다하도록 서원에 머무르는 까닭이며, 일체 세계를 깨끗이 장엄하는 까닭이며, 낱낱 부처님의 몸을 장엄하는 까닭이다."

그때에 보현 보살마하살이 이 뜻을 거듭 밝히려고 게송을 설하여 말씀하였다.

비유하면 허공이
시방에 두루하여
형상과 형상 아님과
있음과 있지 않음과
삼세 중생들의
몸과 국토에
이와 같이 널리 있어서
끝이 없듯이

모든 부처님의 진신도
또한 이와 같아서
일체 법계에

두루하지 않음이 없어
볼 수도 없고
취할 수도 없으나
중생을 교화하기 위하여
형상을 나타내셨도다.

비유하면 허공은
취할 수 없으나
널리 중생들로 하여금
온갖 업을 짓게 하되
내가 지금 어떤 것을 지으며
무엇이 내가 짓는 것이며

누구를 위하여 짓는가를
생각하지 않듯이

모든 부처님 몸의 업도
또한 이와 같아서
널리 중생들로 하여금
착한 법을 닦게 하되
여래께서는 '내가 지금
저 갖가지를 짓는다'고
일찍이
분별하지 않으셨도다.

비유하면 해가
염부제에 뜨면
광명이 다 남김없이
어두움을 깨뜨리고
산의 나무와 못의 연꽃과
땅의 온갖 물건과
갖가지 종류들이
다 이익을 받듯이

모든 부처님의 해가 뜸도
또한 이와 같아서
인간과 천상의 온갖 선행을

자라게 하고
어리석은 어두움을 길이 없애고
밝은 지혜를 얻어
높고 영화로운 일체 낙을
항상 받게 하도다.

비유하면 햇빛이
출현할 때에
먼저 산왕을 비추고
다음에 나머지 산이며
뒤에 고원과
그리고 대지를 비추되

해는 처음부터
분별이 있지 않듯이

선서의 광명도
또한 이와 같아서
먼저 보살을 비추고
다음에 연각이며
뒤에 성문과 그리고
중생을 비추되
부처님은 본래
흔들리는 생각이 없으시도다.

태어날 때부터 맹인은

해를 보지 못하나

햇빛은 또한 위하여

요익하게 하니

시절을 알고

음식을 수용하게 하여

온갖 근심을 길이 여의고

몸이 편안하게 하듯이

신심 없는 중생들은

부처님을 보지 못하나

부처님은 또한 위하여

의리를 일으키시니

이름을 듣고

그리고 광명에 닿아서

이로 인하여

이에 보리를 얻음에 이르도다.

비유하면 맑은 달이

허공에 있음에

능히 온갖 별을 가리며

차고 이지러짐을 보이며

일체 물 가운데

다 영상을 나타내는데

모든 보는 이들이
다 앞에 대한다고 하듯이

여래의 맑은 달도
또한 다시 그러하여
능히 나머지 승을 가리고
길고 짧음을 보이며
천신과 사람의 맑은 마음의 물에
널리 나타내는데
일체가 다
'그 앞에 대한다'고 하도다.

비유하면 법왕이
자신의 궁전에 머물러서
삼천의 모든 범천의 처소에
널리 나타나니
일체 인간과 천신들이
모두 보지만
실제로 몸을 나누지 않고
저들을 향하듯이

모든 부처님께서 나타내시는
몸도 이와 같아서
일체 시방에

두루하지 않음이 없으시니

그 몸이 수없어

말할 수 없으나

또한 몸을 나누지 않고

분별하지 않으시도다.

마치 의왕에게

좋은 약 처방 기술이 있어서

만약 어떤 이가 보면

병이 다 낫고

목숨이 비록 이미 다했어도

몸에 약을 발라서

그 하던 일을 다
처음과 같게 하듯이

가장 수승한 의왕도
또한 이와 같아서
방편과 일체 지혜를
구족하여
옛적 미묘한 행으로
부처님 몸을 나타내시니
중생들이 보는 자는
번뇌가 소멸하도다.

비유하면 바다 속에
보배왕이 있어
한량없는 모든 광명을
널리 내는데
중생들이 닿는 자는
그 빛과 같아지며
만약 보는 자가 있으면
눈이 청정해지듯이

가장 수승한 보배왕도
또한 이와 같아서
그 광명에 닿는 자는

모두 빛과 같아지고

만약 볼 수 있으면

다섯 눈이 열려서

티끌들의 어둠을 깨뜨리고

불지에 머무르도다.

비유하면

여의 마니보배가

그 구하는 바를 따라서

다 만족하게 하는데

복이 적은 중생들은

볼 수 없지만

이 보배왕은
분별하지 않듯이

선서 보배왕도
또한 이와 같아서
구하는 바 모든 욕락을
다 채워 주시지만
신심 없는 중생들은
부처님을 보지 못해도
선서께서
마음에 버리시는 것은 아니로다.

〈대방광불화엄경 제50권〉

회향송

아차보현수승행
무변승복개회향
보원침익제중생
속왕무량광불찰

시방삼세일체불
제존보살마하살
마하반야바라밀

我此普賢殊勝行

無邊勝福皆迴向

普願沈溺諸眾生

速往無量光佛剎

十方三世一切佛

諸尊菩薩摩訶薩

摩訶般若波羅蜜

大方廣佛華嚴經

부록

•

대방광불화엄경 목차

•

간행사

대방광불화엄경
목차

간 행 사

　귀의삼보 하옵고,

　『대방광불화엄경』의 수지 독송과 유통을 발원하면서 수미정사 불전연구원에서『독송본 한문·한글역 대방광불화엄경』과『사경본 한글역 대방광불화엄경』을 편찬하여 간행하게 되었습니다.

　『화엄경』은 우리나라에 전래된 이래 일찍부터 사경되고 주석·강설되어 왔으며 근현대에 이르러서는『화엄경』의 한글 번역과 연구도 부쩍 많이 이루어졌습니다. 그만큼『화엄경』이 우리 불자님들의 신행과 해탈에 큰 의지처가 되었던 것임을 알 수 있습니다.

　『화엄경』을 독송하고 사경하는 공덕은 설법 공덕과 함께 크게 강조되어 왔습니다. 그리하여 수미정사 불전연구원에서도『화엄경』(80권)을 독송하고 사경하는 데 도움이 되도록 한문 원문과 한글역을 함께 수록한 독송본과 한글역의 사경본『화엄경』간행불사를 발원하였습니다. 이『화엄경』간행불사에 뜻을 같이하여 적극 후원해주신 스님들과 재가 불자님들께 깊이 감사드립니다. 또한『화엄경』을 수지 독송할 수 있도록 경책의 모습으로 장엄해 주신 편집위원들과 담앤북스 출판사 관계자들께도 고마움을 표합니다.

　끝으로 이 불사의 원만 회향으로『화엄경』이 널리 유통되고, 온 법계에 부처님의 가피가 충만하시길 기원드립니다.

　나무 대방광불화엄경

불기 2564년 '부처님오신날'을 봉축하며
수미해주 합장

위태천신(동진보살)

수미해주 須彌海住

호거산 운문사에서 성관 스님을 은사로 출가, 석암 대화상을 계사로 사미니계 수계, 월하 전계사를 계사로 비구니계 수계, 계룡산 동학사 전문강원 졸업, 동국대학교 불교대학 및 동 대학원 졸업, 철학박사, 가산지관 대종사에게서 전강, 동국대학교 불교대학 교수, 동학승가대학 학장 및 화엄학림 학림장, 중앙승가대학교 법인이사 역임.
(현) 수미정사 주지, 동국대학교 명예교수.
저·역서로『의상화엄사상사연구』,『화엄의 세계』,『정선 원효』,『정선 화엄 1』,『정선 지눌』,『법계도기총수록』,『해주스님의 법성게 강설』등 다수.

사경본 한글역
대방광불화엄경 제50권

| 초판 1쇄 발행_ 2024년 11월 24일

| 엮은이_ 수미해주
| 엮은곳_ 수미정사 불전연구원
| 편집위원_ 해주 수정 경진 선초 정천 석도 박보람 최원섭
| 편집보_ 무이 무진 지욱 혜명

| 펴낸이_ 오세룡
| 펴낸곳_ 담앤북스
　　　　　서울특별시 종로구 새문안로3길 23 경희궁의 아침 4단지 805호
　　　　　대표전화 02)765-1251　전자우편 dhamenbooks@naver.com
　　　　　출판등록 제300-2011-115호
| ISBN_ 979-11-6201-497-4　04220

정가 10,000원